HISTOIRE DU RAT QUI VOULAIT DE L'AMOUR

Texte : Anne Quesemand
Dessins : Laurent Berman

LES ALPHABETES

Daniel Mesguich

Dans l'humilité aristocratique d'une toute petite salle du Ve arrondissement de Paris – où l'on est, dès qu'on entre, comme chez soi, je veux dire : à l'intérieur de soi – deux figures singulières et irremplaçables du théâtre français d'aujourd'hui – mais qui, tant ils goûtent et connaissent la littérature, la peinture, la musique, et tant ils jouent à brouiller sans cesse la pseudo-pureté de leurs territoires, semblent plutôt de ces Européens de l'entre-deux-guerres dont Hitler ou Goebbels ne voulaient à aucun prix –, dans la quiétude hétéroclite et bohème de cette salle, donc, deux consciences politiques, philosophiques, éthiques, mais ludiques et pas m'as-tu-vu pour un sou, de l'art vivant, ont fait alliance.

Ils semblent un peuple du livre à eux tout seuls.

Et, se faufilant – tantôt acteurs, tantôt auteurs, dessinateurs, chanteurs, cinéastes, accordéonistes, tantôt tout cela à la fois… – à travers toutes les frontières des pays de l'art, ils nous rappellent, surtout, qu'il suffit de quelques lettres pour bâtir un monde.

L'un voit les lettres, l'autre les entend.

Mais celui qui les voit – son obstination à les peindre en témoigne – les entend l'appeler depuis une tradition sans images presque six fois millénaire ; et celle qui les entend n'a de cesse de les voir jouer entre elles dans les phrases de récits aux homophonies infinies qu'elle fait se dérouler dans l'espace et sous nos yeux.

Leurs voisins sont leurs amis. Les enfants aussi, car Laurent Berman et Anne Quesemand, comme Keaton ou Chaplin – ou Méliès, Da Ponte, Kafka… – savent également se faire simples et presque naïfs, par ce plaisir de transmettre qui est l'élégance de l'intelligence.

Ils font du théâtre, ils font des livres.

Le théâtre, on le sait, vient du livre.

Pas de théâtre, même sans texte, qui ne soit aventure de la langue. Sous tout théâtre, même le plus improvisé, court un « c'était écrit », toujours ; et, toujours, le théâtre se donne comme un comble – inachevé, provisoire – du livre.

Que des mots imprimés, des phrases écrites, viennent à se faire une scène, et voici que l'on peut lire, en ces halos, ces buées de personnes que sont les personnages, de « vraies » larmes, de « vraies » joies, de « vrais » rires,

RAT BOUGRI

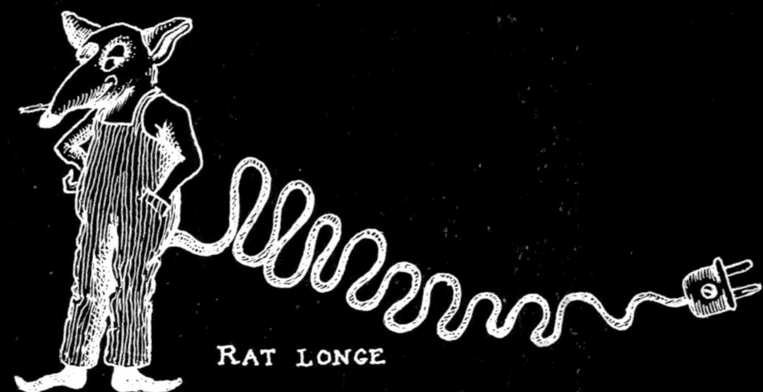

RAT LONGE

RAT BIN

RAT-VIN

RAT FRAÎCHI

à Mylène

Textes en rouge : paroles des chansons figurant sur le CD

10 Numéro de la plage du CD (musiques ou chansons)

de « vraies » morts, … Et même, parfois, accueillir une pensée « autre ». – Lire, oui, car au théâtre, les images, les images même, se donnent à lire.

Au commencement, donc, du théâtre était le livre…

Mais, aussi, il n'est pas de livre qui ne vienne d'un corps. Sous les lignes les plus froides, une chaleur : une voix, toujours, dormait dans l'encrier…

Au commencement du livre, un invisible théâtre, donc…

Ces merveilleuses *Histoires du rat…* que vous allez lire, et regarder, il se trouve que Laurent Berman et Anne Quesemand les ont, d'abord, jouées… Mais toute scène se dissipe, disparaît à jamais… Ils en ont fait un livre.

Mais ce n'est pas là un livre d'avant le théâtre, et qui l'aurait généré, non. C'est un livre, au contraire, qui aurait été impossible sans le théâtre. Qui doit la vie au théâtre.

Dont le théâtre est l'auteur.

Anne Quesemand et Laurent Berman ont opéré là un véritable renversement. Voici, cette fois, que c'est le théâtre qui permet le livre, et que c'est le livre, cette fois, qui se fait accueil, recueil, oui, du théâtre. Alchimistes insolents, ils ont transmuté le théâtre en livre. Ce n'est pas que le théâtre, le théâtre même, soit ici scripté, ou dessiné ; comment cela se pourrait-il, puisqu'il est le présent même ? Non, c'est que le théâtre s'est étiré, s'est prolongé, a donné un fruit : ce livre, qui nous livre une scène.

L'ouvrage que vous allez lire, palimpseste, est hanté par le théâtre. Sous ses lignes écrites et ses illustrations magnifiques, regardez, écoutez, se lit et se dessine, blanc sur le blanc de la page mais insistant comme une dette infinie, un théâtre.

Comme Rimbaud des sons et des couleurs, Anne Quesemand et Laurent Berman ont établi une correspondance entre le théâtre et le livre. Ils les ont fait se correspondre, et le théâtre a écrit au livre. Et, de lui écrire, il l'a créé.

Ainsi, la boucle ne sera jamais bouclée. À toi, lecteur, à présent… de jouer.

Il était une fois…

❶ Il était une fois…

Un Rat conteur cafardeux.

Pourquoi était-il conteur ? Et pourquoi cafardeux ?

Il était devenu conteur en racontant sa propre histoire : la folle aventure qu'il avait vécue en partant à la recherche d'un bol de lait, d'un bol d'herbe, d'un bol d'eau, d'un bol d'air, d'un bol de pierres. Et tout ça pour réparer la bêtise qu'il avait commise en buvant le lait de Mi, faisant ainsi pleurer No…

Au retour de cette fantastique randonnée qui l'avait laissé triomphant, mais épuisé, Planquinquennal – puisque tel était et reste le nom de ce rat – s'était octroyé un repos de cinq ans. Il vivait toujours au pays où les maisons sont belles et où les gens sont pauvres, il vivait toujours chez No et Mi : No, la mère et Mi, le fils. Enfin, c'était surtout chez No maintenant, car Mi devenu grand passait son temps à courir le monde, mais s'en revenait invariablement, tous les trois ou quatre temps, et No lui donnait alors un nouvel habit aux couleurs de la saison.

Benjamin FONDANE
MOZART

Planquinquennal, quant à lui, avait pris grand plaisir à faire et refaire le récit de ses exploits, et il commençait toujours son histoire de la même façon :

2

Ecoutez l'histoire
Venue de Sardaigne,
Envolée des prisons de Rome
Giuliano et Délio
En Russie l'entendirent
De son vieux pays
Antonio Gramsci
Vous raconte une légende
Du temps des Forêts

Son histoire haute en couleurs avait ravi tant de rats que bientôt, on l'avait convié à venir en faire et refaire le récit devant des rats de plus en plus nombreux, devant des rats de plus en plus ravis. Si bien que sa renommée avait grandi ; et c'est ainsi qu'il était devenu un rat conteur professionnel, invité dans les festivals les plus prestigieux pour rats des villes, des champs ou des banlieues.

Et il terminait toujours son histoire de la même façon :

3

C'est moi le rat, raconteur, l'enchanteur
Qui vous dit tout bas aux oreilles :
Ah ça les rats, ça les rats, ça les rats
Faut pas croire qu'on soit tous des scélérats !

Et il la recommençait, et la re-terminait, et la re-recommençait… Les mois passaient, triomphe après triomphe, tournée après tournée, triomphe après tournée, tournée après triomphe…

Et pourquoi était-il cafardeux ?

C'est que justement, ces triomphantes tournées avaient fini par lui donner le sentiment que lui-même tournait un peu en rond ; et que bientôt le vague à l'âme, la lassitude, l'Ennui, l'envahirent jusqu'au dégoût de soi :
« Oh la la la là, ratapla ! Oh la la la là charabia ! Un rat qui tourne en rond, et rat et rat petit rat en rond, c'est un rat qui rate sa vie de rat, qui ratiboise son cervelas, qui dilate en vain sa rate ! Un rat qui plus jamais ne rit, il y a de quoi se faire hara-kiri, colère de rat et choléra ! »
Il avait des insomnies. Et chaque fois que se dressait devant lui le sombre tableau de l'inanité de la vie des rats, de la vanité de l'ici-bas des rats, il s'en revenait dans son cher petit trou de rat, et continuait de ratiociner :
« Ah la la la la, à force de rabâcher, j'ai le cerveau qui se ratatine, j'en ai ras la rétine, de soliloquer comme une loque ! Enseignez-moi No, je vous en prie, comment fait-on pour sortir du trou ?

Petit à petit
Un pauv' petit rat
Qu'aimait plus la vie
Marchait raplapla.
Le teint vert de gris
A tout petit pas

Petit trot d'souris
Chanta et pleura :
La S'rize est partie
La mouise est bien là
Reste un petit rat
Loin du paradis

– Eh bien, on s'occupe ! On fait du macramé, du karaoké, du karaté ! On organise un rallye à quatre dromadaires avec Apollinaire pour jouer au rami dans les émirats arabes pendant le Ramadan ! On boit une rasade de ratafia avec le rabbin de Carpentras en étudiant la Torah ! On lit du Marguerite Duras…
– Divertissement, vaine parade et pauvre rafistolage ! Mais j'ai tout lu, tout essayé : Rabelais, Racine et Tristan Tzara ; Rachmaninov, Ravel et Nino Rota ; le radeau de la Méduse en rade de Raguse, les raviolis de Ravenne avec Ravi Shankar et le maharadjah du Radjastan ! Les trattoria de la Strada en kinopanorama, en diorama, diaporama, Télérama, etcetera, etcetera… Non ! vous dis-je, plus rien ne parviendra à éclairer le gouffre amer où sombra sans remède mon âme ! O rat ! Qui dira les affres d'une pauvre âme de rat dont le moral est tombé si bas !
– Planquinquennal tu te laisses aller, tu te laisses râler ! le rabrouait No.
– Rabrouez, rabrouez, ça n'y changera rien ! »

Le diagnostic ne faisait aucun doute : Planquinquennal était déprimé. No lui donna un peu de Prozarac pilé dans une tartelette au rutabaga, et le laissa marmonner dans sa rhubarbe. Planquinquennal avalait tout sans rien dire, avec ton air de rat battu.

La situation semblait bloquée, quand soudain, par un beau matin d'avril, il sentit un je-ne-sais-quoi changer dans l'air du temps ; un parfum léger d'asphodèle, le vol d'une hirondelle qui, sans nul doute, annonçait le retour du printemps, faisaient vibrer l'atmosphère ! Ça sentait, ça sentait… le bonheur ! D'ailleurs No chantonnait dans la cuisine, sans vergogne, et sans aucun égard pour le chagrin de Planquinquennal !

« Je vous en prie, chère No, comment osez-vous chantonner, quand moi je déprime et marmonne ?

– C'est que revient le premier temps de la valse, et que Mi ne saurait plus tarder !

– Oui, je serai heureux d'avoir une autre épaule sur laquelle pleurer ! Oh la la la la ratapla ! Oh la la la la nom d'un chat ! »

No s'apprêtait derechef à le re-rabrouer, quand soudain, la porte s'ouvrit : Mi était là, mais… Mi n'était pas seul ! Mi embrassa No, sa mère, embrassa Planquinquennal son parrain, sourit et déclara :

Ce qui signifie à peu près :

« Voilà, je vous présente Nouche : c'est ma Nouche, et Nouche et moi, c'est… c'est… voilà !
– Ah ! Enchantée, Nouche !
– Félicitations, Mi !
– Meilleurs vœux, MiNouche ! firent ensemble No et Planquinquennal.
– Oh la la la la nom d'un chat, qu'est-ce que vous avez l'air heureux ! Enseignez-moi Mi, enseignez-moi Nouche, comment fait-on pour être aussi heureux ?
– On tombe amoureux, ça change la vie ! répondit Mi en embrassant Nouche.
– Ah, vraiment ? On tombe ? Mais comment fait-on pour tomber amoureux ?
– On va chercher l'âme sœur ! Mais évidemment, auparavant, il faut l'avoir rêvée !
– Bon, eh bien j'y vais de ce pas, et nous revenons demain !

Et Planquinquennal s'en alla, il s'en alla vers le soir et vers l'Amour !

5 *C'est moi le rat*
Qui m'en va
Vers une rate
Jolie rate
Qui m'aimera
Pour la vie !
Mais j'ai le trac
De faire mat
Ah mon Rat que c'est agréable d'aller chercher sa rate
Ah mon Rat que c'est troublant de ne pas savoir qui ce sera.

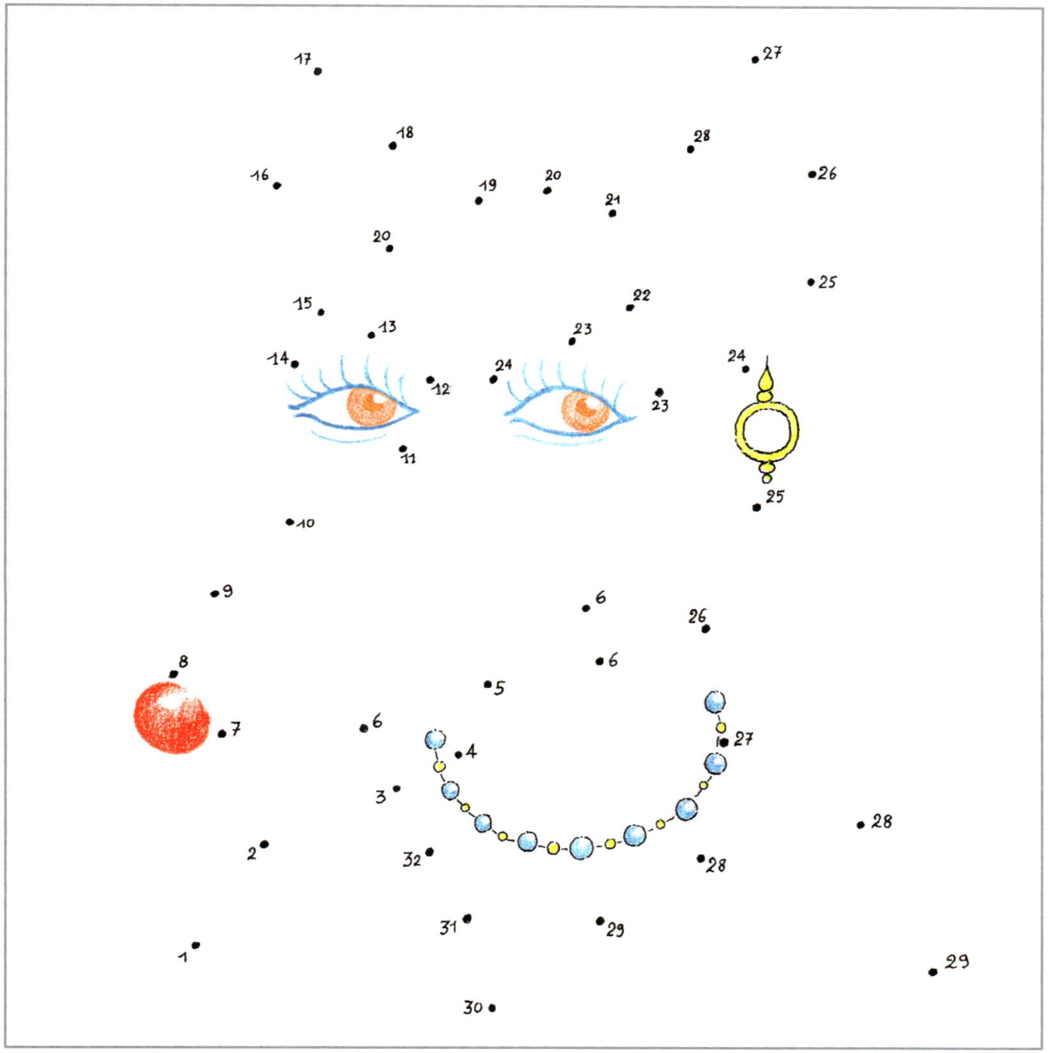

Dessine et colorie la rate de tes rêves, ou celle que tu rêves d'être : relie les points entre-eux dans l'ordre, au crayon, n'oublie pas ta gomme.

Chemin faisant, il s'arrêta, et pensa qu'il avait tout à fait oublié de rêver. Il s'y appliqua consciencieusement tout au long d'une longue soirée. À quoi pouvait bien ressembler l'âme sœur pour laquelle son cœur de rat battait déjà si fort ? Ayant bien imaginé, ébauché, esquissé, cerné, brossé le portrait de la rate de ses rêves, il reprit son chemin, et arriva le lendemain matin très essoufflé à la bibliothèque où il avait raconté la veille, et dans laquelle travaillait Mademoiselle Yolande, une adorable rate de bibliothèque.

« Bonjour Mademoiselle Yolande, excusez-moi de vous déranger, vous ressemblez comme une sœur à la rate de mes rêves : il s'agirait juste d'un peu d'amour ! Pourriez-vous m'en donner… oh… juste un bol, s'il vous plaît ?

Alors la rate Yolande lâcha tous ses fichiers, la rate Yolande regarda le rat, sourit, et déclara :

6

Ce qui signifie à peu près :

« Hélas, mon cher Planquinquennal, ç'eût été très volontiers que je t'aurais donné un plein bol d'amour, mais dans le tourbillon de la vie, mon cœur est déjà pris ! Il appartient à Henri : oui, quand Henri me prend dans ses bras, moi, je vois la vie en rose ! Il sent bon le sable chaud, il m'offre des bonbons plutôt que des fleurs, il m'a appris à danser la javanaise, et non, rien de rien, je ne regrette rien, de lui seul mon cœur est épris !

– D'accord, j'ai compris ! Mais alors comment fait-on pour trouver quelqu'un dont le cœur n'est pas déjà pris ?

– Eh bien, eh bien… on observe autour de soi !… Voyons, voyons, à la bibliothèque viennent régulièrement de belles étudiantes en lettres à l'esprit romanesque :il y a là Héloïse, Elvire, Juliette, Justine, Esmeralda, Mathilde, Charlotte, Carmen, Emma, Anna, Lara…

Accueil

– Lara ?
– Mais évidemment auparavant, il faut avoir appris à plaire à des littéraires. Elles sont souvent très romantiques ! Mais il existe des modes d'emploi.
– Eh bien j'y vais de ce pas… et nous revenons demain ! »
Et Planquinquennal s'en alla, il s'en alla vers le soir et vers Lara.

7a

C'est moi l'rat
qui m'en va
vers Lara
jolie rate
romantique
qui m'aim'ra
Mais j'ai l'trac
de faire mat
Ah mon Rat qu'c'est agréable d'aller chercher sa rate
Ah mon Rat que c'est troublant d'pas savoir qui ce s'ra

Chemin faisant, il s'arrêta, et pensa qu'il avait tout à fait oublié de s'instruire quant à la manière de plaire à des littéraires. Heureusement il avait les modes d'emploi de Mademoiselle Yolande : il les dévora attentivement, ce qui lui prit bien tout de même deux à trois semaines.

7b *C'est moi l'rat*
Romantique
Roméo
Abélard
ou Werther
ou Rudolf
Valentino
Mais j'ai l'trac
de faire mat
Ah mon Rat qu'c'est agréable d'aller chercher sa rate
Ah mon Rat que c'est troublant d'pas savoir qui ce s'ra

Il repartit, courut très vite et arriva très essoufflé sous le balcon où lisait, où rêvait Mademoiselle Lara ; il tira de son sac sa plus fine mandoline, et lui offrit la sérénade :

8a

Donnez-moi de l'amour
Car le cœur de la belle Yolande
Epris pour toujours
Vers vous a guidé mon offrande !

Donnez-moi de l'amour…
Et je serai votre âme sœur,
Moi je suis conteur
Vous serez Lara conteuse !

8b

Alors la rate Lara lâcha tous ses livres, regarda le rat, sourit, et déclara :

Ce qui signifie à peu près :

« Hélas, mon cher Planquinquennal, c'eût été bien volontiers que je t'aurais donné de l'amour, mais…

C'est à l'amour idéal que vise mon âme,
Et pour troublante que soit ta sérénade,
Mon cœur et ma vie, mes rêves et mes charmes
Pour le seul Prince Charmant battent la chamade,
C'est à lui seul que je réserve l'escalade !

– Ah bon, très bien, et comment fait-on pour devenir un Prince Charmant ?
– *Aspire à l'art, et quittant l'ici-bas des rats,*
Elève ton esprit et gagne quelqu'aura !
Au palais des Muses, rends-toi si tu m'en crois,
Exalte un peu ton âme à l'opéra des rats !

Donnez-moi de l'amour
Car le cœur de la belle Yolande
Epris pour toujours
Vers vous a guidé mon offrande !

Donnez-moi de l'amour…
Et je serai votre âme-sœur,
Moi je suis conteur

– L'opéra des rats ?
– Mais évidemment auparavant, il faut avoir appris à plaire à des étoiles ! Elles sont souvent inaccessibles, telles les stars Deborah, Rachel ou Scarlett O'Hara ! Alors commence, si tu m'en crois, par les petits rats, Clara ou Sarah…
– Clara ou Sarah ! J'y vais de ce pas, et je reviens demain ! »

Et Planquinquennal s'en alla, il s'en alla vers le soir, vers Clara et vers Sarah en chantant : 9

C'est moi l'rat
qui m'en va
vers Clara
ou Sarah
petits rats
d'opéra
Mais j'ai l'trac
de faire mat
Ah mon Rat qu'c'est agréable d'aller chercher ses rates
Ah mon Rat que c'est troublant d'pas savoir qui ce s'ra

Chemin faisant il ne s'arrêta pas, car il lui fallait bien un mois pour gagner la capitale : il avait peur d'être en retard, mais il courut si vite qu'il arriva juste à temps pour le lever de rideau de l'Opéra des rats ! Il assista enchanté à la première partie de la représentation du *Lac des Rats*, et à l'entr'acte, se précipita dans les coulisses :

« Bonjour, Mademoiselle Clara, bonjour Mademoiselle Sarah, je suis comme un ver de terre amoureux de deux étoiles ! Excusez-moi, pourriez-vous élever mon âme jusque vers les hauteurs sublimes de votre Art, et faire de moi un Prince Charmant, puisque Mademoiselle Lara vise à l'amour idéal, et que le cœur de Mademoiselle Yolande, épris pour toujours, vers vous a guidé mon offrande ? »

Alors les deux petits rats cessèrent leurs entrechats, les deux petites rates regardèrent le rat, les deux petites souris sourirent et déclarèrent :

Ce qui signifie à peu près :

« Et un et deux et trois ! Hélas, cher Planquinquennal, c'eût été très volontiers que nous eussions élevé ton âme et fait de toi un Prince Charmant, mais pour élever son âme, et danser *Casse-Noisette*, il faut aussi muscler ses gambettes ! Et un et deux et trois, et un et deux et trois ! Tu n'imagines pas le boulot et la gymnastique que requièrent notre sublime et aérienne élévation d'âme ! Et un et deux et trois, et un et deux et trois !
– Mais comment fait-on pour muscler ses gambettes et danser *Le Lac des Rats* ou *Casse-Noisette* ?
– Eh bien, on fait de l'élongation à bras raccourcis, de l'aviron avec chaque bras, de la natation avec Barbara…
– Barbara ?
– Mais évidemment auparavant, il faut avoir appris à se mouiller !
– J'y vais de ce pas, et je reviens demain ! »

Et Planquinquennal s'en alla, il s'en alla vers le soir, et vers Barbara en chantant : 11

C'est moi l'rat
Qui m'en va
Vers Barbara
On nage'ra
Dans l'bonheur
On s'aim'ra
Dans l'grand bain
Mais j'ai l'trac
De faire mat
Ah mon Rat qu'c'est agréable d'aller chercher sa rate
Ah mon Rat que c'est troublant d'pas savoir qui ce s'ra

Chemin faisant il s'arrêta, et apprit à se mouiller, ce qui lui prit bien cinq à six semaines ; puis il reprit sa course, se changea, et arriva très essoufflé au bord de la piscine où s'entraînait Mademoiselle Barbara.

– Bonjour, Mademoiselle Barbara, excusez-moi de vous déranger, il s'agirait juste d'apprendre à nager, pour muscler mes gambettes, afin que je puisse danser *Casse-Noisette* avec Mesdemoiselles Clara et Sarah, et ainsi élever mon âme jusque vers les sublimes hauteurs de l'art, pour devenir un Prince charmant, puisque Mademoiselle Lara vise à l'amour idéal, et que le cœur de Mademoiselle Yolande, épris pour toujours, vers vous a guidé mon offrande.

Alors la rate Barbara cessa de crawler, la rate Barbara regarda le rat, sourit, et déclara :

Ce qui signifie à peu près :

– OK mon rat !
– Pardon ? Vous avez dit…
– OK mon rat !
– Euh, pourquoi n'avez-vous pas commencé par « Hélas mon cher Planquinquennal » comme toutes les autres avant vous ?
– Mais parce que moi je veux bien t'aimer, mon rat ! Lara, Sarah et Clara ne veulent pas de toi ? Oublie ces baratineuses, bon débarras ! Toi, t'as p't-être pas des bras d'athlète, t'as p't-être pas l'torse velu, mais comme tu es, tu me plais, alors lançons-nous à l'eau !
– Euh… tout de suite, comme ça, sans bouée ni autres préliminaires ?
– Pourquoi pas, mon rat ?
– C'est que… Vous m'impressionnez, Barbara !
– Tu veux ou tu n'veux pas, mon rat ?

– Vous me mettez dans l'embarras, Barbara !
– Et voilà ! Je leur fais peur, aux rats ! Ah la la la la, ratapla ! Que ce monde est ingrat, pour nous autres les rates : on n'a jamais le bon gabarit pour le bon gabarat ! Ceux à qui je plais ne me plaisent pas, et ceux qui me plaisent, c'est moi qui ne leur plais pas ! Ah la la la la, charabia…
– Pardonnez-moi Barbara, mais c'est hélas une situation fort classique, la belle Andromaque déjà…
– Qui c'est encore celle-là ?
– Peu importe… Un jour, votre Prince viendra, j'en suis sûr, ne vous découragez pas, restons bons amis, adieu Barbara !

Et Planquinquennal s'en alla, ne voulant pas voir pleurer Barbara, il s'en alla réfléchir à l'ingratitude du monde des rates : « Ah la la la la, nom d'un chat ! Lara, Clara et Sarah me refusent, et moi je refuse Barbara ! Elles sont trop compliquées, toutes ces rates dont j'ai rêvé ! Barbara a raison, je ferais mieux de guider mon offrande vers une rate de mon gabarit, une souris de mon gabarat, de ma catégorie. »

Et songeant qu'il devait cesser de rêver, Planquinquennal décida de revenir sur terre ; du coup, il s'aperçut qu'il avait faim, et se laissa guider par un fumet délicieux…

CAFE RESTAURANT

Quand soudain une jeune rate le percuta, il tomba et, avant d'avoir repris ses esprits, entendit :

« Oh pardon ! Excuse-moi, mon vieux, je ne l'ai pas fait exprès hein ! Je t'ai fait mal ? Parce que si tu es cassé, moi, je peux te réparer, j'ai mon Bafa, mon brevet de secouriste, et tout ; moi c'est Zulmira, et toi ?
– Enchanté ! Moi c'est Planquinquennal, et euh… Vous pesez un peu sur ma gambette, merci !… Sinon, tout va très bien ! Non, restez-là, je vous en prie ! Votre enivrant parfum me guérit très doucement. Et, puisque que vous y êtes, pourriez-vous soigner aussi mon âme, Mademoiselle Zulmira ?
– Ton âme ? Qu'est-ce qu'elle a ton âme ?
– Elle n'a pas de sœur, mon âme, voilà ce qu'elle a ! D'après Minouche, je devais tomber amoureux, eh bien, voilà, grâce à vous, c'est fait : je suis enfin tombé, et donc vous devez être mon âme sœur, parce que euh… le cœur de Mademoiselle Yolande est déjà pris… c'est un peu long à expliquer : puis-je vous offrir une boisson fraîche ?
– Super ! D'accord !

Et déjà ils s'apprêtaient à s'installer à la terrasse d'un café, quand Zulmira se figea :

– Ah non, non, non ! Il faut que je file ! Et tu ferais bien d'en faire autant !
– Déjà ? Mais, Mademoiselle, ma zolie Zulmira… fit Planquinquennal, déconcerté par cette volte-face.
– File, vite, je te dis, il y a mon grand frère qui rapplique, et s'il me trouve en train de causer avec un gars, et en plus à un rat qu'est pas de chez nous, il m'fait la peau ; et la tienne, de peau, je n'préfère pas en parler, tu piges ?
– Ah, je comprends, mais dites-moi, quand nous reverrons-nous ? Vous seriez ma Shéhérazade et pendant mille et une nuits, au pied du Stromboli, ou à Capri… »

Mais déjà Zulmira avait décampé et filait sur ses roulettes, fuyant son mastodonte de frère. Lequel mastodonte abattit sa lourde patte sur l'épaule de Planquinquennal, qui bredouilla :

« … Mais non, mais non, je ne lui veux rien à votre sœur ! Rien de rien, je vous jure !… Elle m'est juste tombée dessus et… Non ! Elle m'est rentrée dedans je veux dire… Non, vous vous méprenez… et donc moi, je suis tombé am… am… à mon tour !… à la renverse, quoi ! Et voilà, au revoir Monsieur… » fit-il avant de filer lui aussi, adressant un salut muet à Zulmira : « Cours vite, vite Zulmira, le vieux monde est derrière toi ! »

Et encore ahuri, ébaubi, abasourdi par l'éclat de cette brève rencontre, Planquinquennal reprit lentement ses esprits et son chemin.
Se laissant de nouveau guider par ce fumet délicieux…

13

C'est moi l'rat
Qui m'en va
Vers qui vers quoi
Tarama, pastrami
Je n'sais pas
Mon estomac
Me guidera
Mais j'ai l'trac
De faire mat
Ah mon rat qu'c'est agréable d'aller chercher son rata,
Ah mon rat que c'est troublant d'pas savoir c'que ce s'ra !

… il finit par arriver aux abords du marché du boulevard Poissonnière.
« Bonjour Mademoiselle la harengère-marinière, 100 grammes de hareng fumé, s'il vous plaît ! Oh ! Mademoiselle la harengère-marinière, c'est incroyable : vous ressemblez vous aussi comme une sœur à la rate de mes rêves… Excusez-moi de vous déranger, il s'agirait juste de savoir si par hasard vous ne seriez pas l'âme-sœur dont je pourrais – sans bosse – tomber amoureux. »

Alors la harengère-marinière poissonnière lâcha ses turbots, ses bulots, ses tourteaux, ses bigorneaux, ses cachalots, ses maquereaux et déclaro :

Ce qui signifie à peu près :

« 100 grammes de hareng fumé, avec ça ce sera ?
– Ce sera le paradis des rats : nous nous marierons et nous marinerons dans un joli petit trou de rat…
– Eh bien, ça fera deux heureux rats, pardon, deux euros cinquante, et pour le prix, je te donne un conseil, fiston : tu n'es ni le premier ni le dernier qui me draguera, mais moi j'ai déjà de la bouteille, tandis que toi, mon petit crabe, tu m'as tout l'air d'un jeunot qui connaît pas encore assez bien la vie : alors va-t-en d'abord faire un peu la vie, et ensuite, ensuite… je ne dis pas oui, je ne dis pas non, mon crapaud : je dis qu'il faut laisser faire le destin et le hasard des rencontres, aussi vrai que je m'appelle Véra, la harengère marinière du marché Poissonnière !
– Véra ? Vous vous appelez Véra ? Excusez-moi, mademoiselle Vera, mais justement, notre rencontre n'est-elle pas le fruit du plus pur des hasards ? Car enfin, ce n'est pas mademoiselle Zulmira qui m'a envoyé jusqu'à vous, ni mademoiselle Barbara, puisque je n'ai pas voulu me lancer à l'eau avec elle pour muscler mes gambettes, afin que je puisse danser *Casse-Noisette* avec Mesdemoiselles Clara et Sarah, et ainsi élever mon âme jusque vers les hauteurs sublimes de leur art, et devenir un Prince charmant, puisque mademoiselle Lara vise à l'amour idéal, et que le cœur de Mademoiselle Yolande, épris pour toujours, vers vous – par le plus grand des hasards, j'y insiste – a guidé mon offrande !

– Ah ! C'est vrai que pour le baratin, tu te poses un peu là, mon lapin ! Je ne dis pas que tu ne me plais pas, je ne dis pas non plus que tu me plais ; je dis qu'il faut laisser le destin choisir le bon moment, et le bon endroit, c'est tout ! Mais il faut d'abord avoir un peu roulé sa bosse !
– Roulé sa bosse ? Ah bon. Alors pourriez-vous me donner rendez-vous, à l'endroit et au moment de votre choix ?
– N'insiste pas Stanislas !
– Je ne m'appelle pas Stanislas, et je ne suis pas votre petit crabe, ni votre crapaud, ni votre lapin ! Je m'appelle Planquinquennal, c'est pourtant simple ! Retenez mon nom, on ne sait jamais ! »

Et Planquinquennal s'en alla, il s'en alla rouler sa bosse, il s'en alla vers le hasard des rencontres, il s'en alla apprendre à faire la vie.
Il fréquenta les boîtes de nuits en Normandie, les rave-parties en Picardie, les avant-premières à Vancouver, les vernissages à Vassivière, les rassemblements à Mont-de-Marsan, les vide-greniers à Noirmoutier, les matchs de volley à Parthenay, les peep-show à Concarneau, les débats à France-Culture, les élections de Miss Vierzon, les universités d'été à l'Ile de Ré, les quartiers chauds de Waterloo, les courses de ski à Helsinki, les matchs de foot à Knokke-le-Zoute, les concours de pétanque à Salamanque… Bref tous les endroits où pouvaient vaguer, âmes en goguette, rates esseulées, il les écuma, et plus de quatre années passèrent ainsi ; de passades en amourettes, il vécut toutes sortes d'expériences, platoniques à Salonique, ou plus canailles en Cornouailles, mais c'était toujours la même rengaine : l'éternelle, cafardeuse mais revigorante *Cucaracha* :

Oui, toujours la même ritournelle : il était trop commun pour l'une, trop différent pour l'autre ; celle-ci était trop étrange, celle-là pas assez mystérieuse ; il était trop simple ou trop compliqué, trop imparfait ou plus que trop parfait, passé trop présent ou futur bien trop simple. Il finit par se rappeler ce qu'il avait naguère expliqué à No et Mi : que le passé n'est jamais simple, le futur toujours compliqué, et le présent forcément imparfait.

« Ah la la la la ratapla, ah la la la la, nom d'un chat, qu'est-ce que j'ai fait pour mériter ça ? J'ai dû mal comprendre : il faut que je retourne à la source, il faut donc que je retourne consulter No, Mi et Nouche ! »

Et s'en revenant de son tour du monde amoureux, d'Ankara à Caracas, du mont Ararat à la pointe du Raz, Planquinquennal revint dans son petit trou de rat, consulter No, Mi, et Nouche.
Ne sachant comment exprimer sa demande, il emprunta humblement à ses vieux amis Lorenzo et Amadeus :

Ce qui signifie très exactement :

« *Voi que sapete che cosa e l'amor* : enseignez-moi Mi, enseignez-moi Nouche, je vous en prie, *che cosa e l'amor* ? Qu'est-ce que l'amour ?
– Un coup de foudre ! répondirent Mi Nouche d'une seule voix.
– Un petit coin de paradis sous un coin de parapluie ! Je connais la chanson. Encore faut-il se trouver sous le même nuage au même moment ! Et puis de toute façon, je le sais maintenant : plaisir d'amour ne dure qu'un instant, chagrin d'amour dure toute la vie ! Je connais la chanson, je vous dis !
– Mon cher Planquinquennal, chers Mi Nouche – intervint No –, l'amour est aussi une longue patience, une fois tombée la foudre, croyez-en ma vieille expérience… Ecoute, Planquinquennal, puisque tu n'arrives pas à tomber sur celle qui partagerait tous tes goûts, désirs et dégoûts, eh bien, passe une petite annonce matrimoniale !
– … Taratata !
– Pourquoi pas ? Ça se fait beaucoup, et dans les hebdomadaires les plus honorables ! Tu n'imagines pas le nombre de couples harmonieux que je connais, qui se sont croisés, ont crû et multiplié par la simple opération du Saint Observateur !
– Bon, d'accord, j'y vais de ce pas, mais c'est ma dernière tentative, foi de rat ! Et si ça rate encore une fois, basta ! Que sara sara !

Et pendant toute la nuit, Planquinquennal plancha, précisa, ratura, rectifia, et au petit matin livra le résultat, tel qu'il le posta :
Rat, conteur. 0 mètre 35, bonne situation, gruyère râpé à tous les repas, dégagé obligations militaires,
Aimant sarabande, rag et opéra.
Cherche rate, race et couleur indifférentes, de préférence aux yeux tendres – Castratrice s'abstenir –
Pour rencontres, randonnées, et plus si affinités…
Ecrire au journal qui transmettra. ***Nom de code : Bac à rat.***

Huit jours durant, il attendit le cœur battant, mais au soir du huitième jour, une réponse enfin arriva : il ouvrit fébrilement un belle enveloppe rose et lut avec ravissement : « ***Nom de code : bac à rat ! Rendez-vous ce soir-là 18 heures, à l'entrée du parc Montsouris ; en guise de rat-connaisance, portez à la boutonnière un bouquet de radis roses*** ».

Et ce fut dans le plus grand secret, que, vêtu de ses plus beaux atours, Planquinquennal se hâta vers l'âme sœur, la seule qui partagerait tous ses goûts, désirs et dégoûts. Il s'en allait vers l'élue de son cœur, l'unique, la raffinée, qui l'attendait là-bas, radieuse et solitaire…

À 18 h précises, il était au rendez-vous… quelle ne fut pas sa stupeur ! Il ne s'attarda pas à essayer de comprendre ce que cela signifiait, et prit la fuite. Emporté par la foule, il ne dut son salut qu'à Véra, la harengère-marinière du marché Poissonnière, qui le reconnut, le héla de son nom propre, et le cacha dans sa réserve de gruyère. Elle lui fit mille doux câlins, mais il ne s'attarda pas non plus à refaire sa cour : car Véra lui apprit qu'entre-temps elle s'était mariée, sans amour, au fromager le plus jaloux de la rue Montsouris, oui, Ramon, le frère aîné de Zulmira… qui la gardait cloîtrée dans l'arrière-boutique sous sa burka, et l'empêchait de mettre le museau dehors, pour le plaisir des hasards et des rencontres et des petits tours ! Alors si Planquinquennal voulait toujours, peut-être bien que…

– Trop tard ! J'en ai fini avec l'amour, pour toujours !
– Oh, mais Planquinquennal, il ne s'agit pas forcément d'amour ! On a bien le droit de sortir faire un petit tour, de se dire bonjour ! Et puis, ne dis jamais toujours ! Ce sera ici ou ailleurs, ce soir ou plus tard, qui vivra verra !
– Oui, Véra, adieu, Vera ! Le bonjour à Zulmira ! »
Et Planquinquennal une fois de plus s'en alla, faisant le compte de ses billes : cinq années avaient passé en vaines et décevantes recherches ; il avait fait échec et mat, et rentrait chez lui, bien décidé à vivre en ermite, dans son célibat de vieux rat. Tout au long du triste chemin de son retour, il s'efforça de ne pas entendre les moineaux, les étourneaux, les hirondelles qui gazouillaient de bonheur dans l'air léger du printemps revenu. Puis, comme il préférait ne pas affronter les questions de Mi Nouche, ni les consolations de No, il ne descendit pas dans son petit trou de rat : il alla se réfugier dans le recoin le plus obscur du grenier, au-dessus de la grange abandonnée.

Il resta là, sans bouger, prostré, désespéré, affamé, assoiffé d'amour.
Au bout de trois jours pourtant, il eut le sentiment d'être observé, il entendit un léger bruissement, et bientôt une aile douce le frôla, l'enveloppa.
Une élégante hirondelle s'approcha du rat, regarda le rat, sourit et déclara :

17

Ce qui signifie à peu près :

« Bienvenue chez moi ! On m'appelle Dorabelle, l'Hirondelle Sans Amour ! Je vis ici en ermite, et interdis d'ordinaire à quiconque l'accès de ma retraite solitaire. Mais pour vous je ferai une exception, vous avez l'air si malheureux !
– Vous êtes solitaire aussi, Mademoiselle Dorabelle ? Mais pourquoi ? Toutes les hirondelles se promènent dans les airs deux par deux, et tout le monde les aime !
– Oui mais moi, je vais seule, car jamais je n'ai trouvé chaussure à ma patte ! Vous avez l'air affamé, assoiffé : on se casse une petite graine ?
– Mademoiselle Dorabelle, comme vous êtes charmante, et comme votre regard est tendre ! Vraiment, vous me ravissez ! »

Ils becquetèrent de conserve, grignotèrent, picorèrent, papotèrent, se regardèrent, rougirent, pâlirent et se… et se bécotèrent, se revirent, se reravirent, bref, tout ça ça chavire : avant-même d'en avoir pris conscience, Planquinquennal et Dorabelle succombèrent au coup de foudre.

Mais comment s'y prendre quand on est en l'air, mais comment s'y prendre quand on est sur ou sous terre ?

Petit à petit,
le brave petit rat
la belle hirondelle
s'aimèrent à tire d'ailes,
marchèrent pas à pas
petit trot de souris
et firent leur nid.
C'est la baraka,
c'est le paradis !

L'histoire dit qu'il leur fallut un certain temps, et une bonne dose de patience pour apprendre à se faire l'un à l'autre… Et les chansons, toutes les chansons d'amour, de Juliette, Edith, Serge, Yvette, Jacques, Jeanne, Cyrus, Barbara, Fréhel, Franz, Lorenzo, Amadeus, Françoise, Georges, toutes les chansons disent la même chose : leur romance fut idyllique..

L'histoire dit aussi que jamais ils ne gravèrent leur nom au bas d'un parchemin ; l'histoire dit enfin que leur amour dure encore et toujours à ce jour, et qu'ils eurent, qu'ils ont, qu'ils auront beaucoup, beaucoup, beaucoup de petites chauve-souris !

18

Maquette : Patrick Ferrage, Jean-Luc Hinsinger
Photogravure : Cicero - Paris 11^e^
Photographies : David Quesemand, Vincent Muller

Achevé d'imprimer en France sur les presses de Delta Papiers
Dépôt légal 4e trimestre 2008
ISBN 9782918134015

Musiques et chansons (originaux, emprunts, citations ou clins d'œil) :

Plage **2** : musique de Jean-François Goyet

Plage **3** : sur le timbre de *Ah ça ira* (Bécourt)

Plage **4** : musique traditionnelle klezmer

Plage **5** : sur le timbre de *J'ai la rate qui s'dilate* (Ouvrard et Scotto)

Plage **6** : clin d'œil à C. Bassiak

Plage **7a** : sur le timbre de *J'ai la rate qui s'dilate* (Ouvrard et Scotto)

Plage **7b** : sur le timbre de *J'ai la rate qui s'dilate* (Ouvrard et Scotto)

Plage **8a** : sur le timbre de *Parlez-moi d'amour* (J. Lenoir)

Plage **8b** : clin d'œil à M. Jarre

Plage **9** : sur le timbre de *J'ai la rate qui s'dilate* (Ouvrard et Scotto)

Plage **10** : clin d'œil à P.I. Tchaikovski

Plage **11** : sur le timbre de *J'ai la rate qui s'dilate* (Ouvrard et Scotto)

Plage **12** : clin d'œil à M. Vandair

Plage **13** : sur le timbre de *J'ai la rate qui s'dilate* (Ouvrard et Scotto)

Plage **14** : clin d'œil à F. Schubert

Plage **15** : musique traditionnelle mexicaine

Plage **16** : clin d'œil à W. A Mozart

Plage **17** : clin d'œil à F.-L. Bénech & Ernest Dumont

Plage **18** : clin d'œil à J. Soerling

Paroles des chansons : Anne Quesemand

Arrangements : Cristóbal Soto

Interprétation :
Cristóbal Soto : guitare, cuatro, mandoline, trompette, basse à vent, soubassophone,
Laurent Berman : voix, bugle, trombone, basse à vent, flûte.
Anne Quesemand : accordéon, petit piano.
Léonor Cantero : clarinette.
Nelson Gómez : guitarrón (contrebasse)
Juan-Manuel Paredes : percussions

Prise de son, montage, mixage : **Vincent Dupuis**
Enregistré dans le studio de **Lobster Films.**
Merci à Serge Bromberg